Sommaire

Avertissement
1

Qu'est-ce que la crypto et comment en acheter ?
2

Comment Fonctionne la Blockchain?
6

pourquoi le halving declenche le bullrun ?
7

C'est quoi le Bullrun ?
11

un portefeuille de 1000 euros en exemple
19

Tendances futures
23

Avantages de la cryptomonnaie
30

Inconvénients des cryptomonnaies
32

Catégories de cryptos
34

Les tokens
36

Air Drop
38

Le fisc
40

Lexiques
45

Conclusions
58

Avertissement

Les informations fournies dans cet ebook ne constituent pas un conseil en investissement financier. Investir dans la cryptomonnaie présente un risque élevé de gains et de pertes et peut conduire à la perte totale de l'investissement. Il est recommandé de consulter un conseiller financier qualifié ou de faire vos recherches avant de prendre toute décision d'investissement.

La crypto c'est quoi ??

Dans l'univers numérique en constante évolution, la cryptomonnaie se distingue comme une forme de monnaie révolutionnaire. Conçue pour opérer comme un moyen d'échange, elle transcende les frontières physiques et les limites traditionnelles des systèmes financiers. Qu'est-ce qui la rend si spéciale ? C'est son fondement sur une cryptographie robuste, qui non seulement sécurise les transactions financières, mais aussi régule la création de nouvelles unités et authentifie chaque transfert d'actifs.

Imaginez un système où la confiance repose non pas sur une autorité centrale, mais sur un réseau distribué de participants. Voilà la pierre angulaire de la cryptomonnaie. En effet, contrairement aux monnaies fiduciaires régies par des gouvernements et des banques centrales, la cryptomonnaie fonctionne de manière décentralisée. Elle échappe ainsi aux contrôles et aux manipulations politiques, offrant à ses utilisateurs une forme de liberté financière inédite. Comment est-ce possible ? Grâce à la technologie blockchain. Ce réseau révolutionnaire de blocs de données interconnectés assure la transparence, la sécurité et l'immuabilité des transactions. Chaque transaction est enregistrée sur un bloc cryptographiquement sécurisé, puis ajoutée à une chaîne de blocs précédents, formant ainsi une histoire transparente et indélébile de toutes les activités.

La cryptomonnaie n'est donc pas seulement une monnaie numérique ; c'est un symbole de progrès, de démocratisation financière et de confiance dans la technologie. Elle incarne une nouvelle ère de l'économie, où les frontières sont effacées, les intermédiaires sont réduits au minimum et les individus ont un contrôle sans précédent sur leur propre richesse. Dans un monde en mutation constante, la cryptomonnaie émerge comme une lueur d'espoir, offrant à chacun la "possibilité de participer à une révolution monétaire qui transcende les siècles."

Pour acheter des crypto-monnaies, vous pouvez opter pour des plateformes en ligne comme Binance, réputée, ou Bitpanda, régulée par les autorités financières. Il existe d'autres options en ligne adaptées à votre niveau de connaissance et à vos préférences d'interface. Avant de choisir une plateforme, assurez-vous de vérifier son historique et de faire des recherches, car le risque demeure si vous y laissez vos fonds.

Lorsque vous choisissez une plateforme en ligne pour acheter des crypto-monnaies, il est essentiel de prendre en compte divers facteurs tels que la sécurité, les frais de transaction et la facilité d'utilisation. Assurez-vous de faire des recherches approfondies et de comparer différentes options avant de prendre une décision. Une fois que vous avez acheté vos crypto-monnaies, n'oubliez pas de les stocker de manière sécurisée en utilisant des portefeuilles hors ligne comme le Ledger Nano S ou le Trezor. Ces portefeuilles vous permettent de garder le contrôle total de vos actifs numériques et de réduire les risques liés aux piratages. En suivant ces conseils, vous pourrez profiter pleinement des avantages des crypto-monnaies tout en protégeant vos investissements.

Comment Fonctionne la Blockchain?

La blockchain est un registre distribué ouvert à tous, qui enregistre toutes les transactions de cryptomonnaie de manière sécurisée, transparente et inaltérable. Chaque bloc de la chaîne contient un certain nombre de transactions; chaque fois qu'une nouvelle transaction est effectuée, un enregistrement de celle-ci est ajouté à chaque participant du réseau. pour faire simple, imaginez un grand cahier consultable par tout le monde, ou serait inscrit toutes les transactions.

Ainsi, chaque participant du réseau possède une copie identique du registre, ce qui rend la blockchain extrêmement sécurisée car toute modification frauduleuse nécessiterait la validation de la majorité des participants, ce qui est pratiquement impossible. Cette technologie révolutionnaire a des applications bien au-delà des cryptomonnaies, et est utilisée dans divers secteurs tels que la finance, la logistique, la santé, et même l'art. La blockchain offre une nouvelle façon de concevoir la confiance et la transparence dans nos interactions numériques, ouvrant la voie à un avenir plus décentralisé et démocratique.

pourquoi le halving declenche le bullrun ?

Le "halving" (ou division par deux) est un événement programmé qui réduit de moitié la récompense accordée aux mineurs pour la validation de nouveaux blocs dans le cadre du processus de minage de certaines cryptomonnaies, comme le Bitcoin. Cet événement se produit à intervalles réguliers – pour le Bitcoin, tous les 210 000 blocs, ou approximativement tous les quatre ans. Le halving a un impact significatif sur l'offre de nouvelles unités de la cryptomonnaie sur le marché, ce qui peut, en effet, déclencher un bull run pour plusieurs raisons.

notamment la réduction soudaine de l'offre de Bitcoin qui peut entraîner une augmentation de la demande, poussant ainsi les prix à la hausse. Les halvings sont souvent considérés comme des événements clés dans le cycle économique du Bitcoin, attirant l'attention des investisseurs et des passionnés de cryptomonnaies du monde entier. En réduisant la récompense des mineurs, le halving vise également à maintenir la rareté et la valeur de la cryptomonnaie à long terme. C'est pourquoi il est important de comprendre l'impact de ces événements pour anticiper les fluctuations du marché et prendre des décisions éclairées en matière d'investissement.

Réduction de l'offre

Le halving diminue le taux auquel de nouvelles monnaies sont créées et réduit l'offre de nouvelles unités disponibles à la vente. Si la demande reste constante ou augmente, la diminution de l'offre peut entraîner une augmentation du prix.

Anticipation et Psychologie du Marché

L'anticipation du halving peut entraîner une spéculation accrue. Les investisseurs et les traders peuvent acheter des cryptomonnaies avant l'événement dans l'espoir que leur valeur augmentera, ce qui peut effectivement pousser les prix à la hausse.
sommets historiques dans les mois suivant l'événement.

Il est important de noter que, bien que le halving puisse créer des conditions favorables à un bull run en réduisant l'offre et en influençant la psychologie du marché, il n'est pas le seul facteur qui détermine le mouvement des prix sur le marché des cryptomonnaies. D'autres facteurs, tels que les développements réglementaires, les avancées technologiques, et le contexte macroéconomique global, jouent également un rôle crucial dans la dynamique des prix. En outre, bien que les halvings passés aient été suivis de périodes de hausse des prix, il n'y a aucune garantie que ce schéma se répétera à l'avenir. Les investisseurs doivent donc procéder avec prudence et considérer une multitude de facteurs avant de prendre des décisions d'investissement surtout pour les novices.

Il est essentiel de garder à l'esprit que le marché des cryptomonnaies est influencé par divers éléments, le halving n'étant qu'un élément parmi d'autres. Les réglementations en évolution, les progrès technologiques et le contexte macroéconomique global sont tout aussi importants pour déterminer les mouvements de prix. Même si les halvings précédents ont été suivis de hausses de prix, il est impossible de prédire avec certitude si ce schéma se reproduira à l'avenir. Les investisseurs, en particulier les débutants, devraient donc agir avec prudence et prendre en compte de nombreux facteurs avant de prendre des décisions d'investissement.

C'est Quoi le Bullrun?

Un bullrun désigne une période où les prix des cryptomonnaies augmentent de manière significative et constante. Cette phase est caractérisée par un optimisme accru des investisseurs, motivés par la spéculation et l'anticipation de gains futurs. Un bullrun peut être déclenché par divers facteurs, tels que l'adoption de la technologie blockchain, des avancées réglementaires favorables, ou encore l'entrée de nouveaux investisseurs sur le marché.

Ces périodes de bullrun sont souvent accompagnées d'une frénésie médiatique et d'une augmentation de l'activité sur les plateformes d'échange de cryptomonnaies. Les investisseurs expérimentés cherchent à maximiser leurs profits tandis que les débutants sont attirés par les promesses de gains rapides. Cependant, il est important de se rappeler que les marchés des cryptomonnaies sont volatils et que les prix peuvent chuter aussi rapidement qu'ils ont augmenté lors d'un bullrun. Il est donc essentiel de rester prudent, de faire des recherches approfondies et de diversifier son portefeuille d'investissement pour se prémunir contre les risques inhérents à ce marché en constante évolution.

Les Différentes Phases

- Bear Market: Phase de baisse généralisée des prix. Elle est souvent perçue comme une période de correction après une hausse excessive.
- Altseason: Période où les cryptomonnaies autres que le Bitcoin (altcoins) connaissent une hausse significative de leur valeur.
- Bullrun: Mentionné précédemment, c'est une période de hausse soutenue des prix, hausse parfois

Pour prendre des profits, il est conseillé de définir une stratégie de sortie en fixant des objectifs de prix et en diversifiant les investissements pour minimiser les risques.

Cette période est généralement marquée par un optimisme généralisé des investisseurs et une augmentation continue des cours des actifs. Il est important pour les investisseurs de rester vigilants et de ne pas se laisser emporter par l'euphorie du marché, car une correction peut survenir à tout moment. En fin de compte, la clé pour réussir dans le monde de la finance est la patience, la discipline et la diversification de son portefeuille.

Les Erreurs à Ne Pas Commettre

Les erreurs courantes incluent le FOMO (Fear of Missing Out), qui pousse à investir sans analyse préalable par peur de rater une opportunité, et l'absence de stratégie d'investissement claire. Il est essentiel de réaliser des recherches approfondies et de ne pas investir plus que ce que l'on peut se permettre de perdre.

Il est également crucial de diversifier son portefeuille d'investissement afin de réduire les risques et d'optimiser les rendements. En investissant dans différents secteurs et types d'actifs, on se protège contre les fluctuations du marché et on augmente ses chances de succès à long terme. En outre, il est recommandé de suivre de près l'évolution de ses investissements, de rester informé des actualités financières et de consulter régulièrement des professionnels du secteur pour bénéficier de conseils avisés. En appliquant ces bonnes pratiques, il est possible de bâtir un portefeuille solide et de maximiser ses opportunités de croissance financière.

Changer constamment de projet sur lequel investir et perdre régulièrement de petites sommes, qui mis bout à bout, peuvent produire de grosses pertes.

Il est important de se rappeler que la diversification de vos investissements peut être une stratégie judicieuse pour minimiser les risques. En concentrant vos efforts sur un seul projet, vous pourriez en effet suivre un chemin incertain. En revanche, en répartissant vos investissements sur différentes opportunités, vous augmentez vos chances de succès à long terme. En restant fidèle à une vision claire et en prenant des décisions réfléchies, vous pourrez construire un portefeuille d'investissements solide et durable.

Réussir son premier investissement gagnant et croire que vous êtes plus fort que le marché !
Certains experts disent qu'il faut deux ou trois bullrun pour en tirer profit !

Cependant, il est essentiel de garder à l'esprit que le marché financier peut être imprévisible et qu'aucune garantie de succès n'est absolue. Il est recommandé de faire des recherches approfondies, de diversifier ses investissements et de consulter des professionnels avant de prendre des décisions importantes. Se lancer dans le monde de l'investissement avec prudence et réalisme peut augmenter les chances de réussite à long terme. Souvenez-vous que l'investissement comporte des risques, mais avec une approche réfléchie et bien informée, il est possible de réaliser des gains significatifs.

Comprendre les Phases du Marché

Avant d'élaborer une stratégie de gestion de portefeuille, il est crucial de comprendre les différentes phases du marché des cryptomonnaies :

- Bear Market: Les prix baissent généralement sur une période prolongée.
- Bull Market: Une phase où les prix augmentent.
- Altseason: Les altcoins (toutes cryptos sauf Bitcoin) performent particulièrement bien, souvent mieux que Bitcoin.
- Consolidation: Les prix se stabilisent après une grande volatilité.
- Accumulation: Les investisseurs achètent des actifs à bas prix en prévision d'une hausse future.
- Distribution: Les investisseurs vendent leurs actifs à mesure que les prix atteignent des niveaux élevés.
- FOMO (Fear Of Missing Out): Une période où les investisseurs achètent à la hâte par peur de manquer une opportunité de profit.
- FUD (Fear, Uncertainty, Doubt): Des informations négatives circulent, entraînant une baisse du marché.
- HODL: Un terme issu d'une faute de frappe de "hold", encourageant les investisseurs à conserver leurs actifs malgré la volatilité du marché.

Stratégies de Gestion du Portefeuille

- Diversification: Ne mettez pas tous vos œufs dans le même panier. Investir dans différentes cryptomonnaies peut réduire le risque global de votre portefeuille.
- Position Sizing: Ajustez la taille de vos investissements selon votre tolérance au risque et les perspectives du marché. Pendant un bull market, vous pourriez être tenté d'augmenter la taille de vos positions, mais faites-le avec prudence.
- Profit Taking et Stop Losses: Fixez des objectifs de profit et des seuils de perte pour chaque investissement. Cela vous aidera à sécuriser vos gains et à limiter vos pertes.
- Planification à long terme: Gardez à l'esprit vos objectifs financiers à long terme lors de vos investissements en cryptomonnaies. Établissez un plan clair et suivez-le de manière disciplinée pour rester sur la bonne voie.

- Recherche approfondie: Avant d'investir dans une cryptomonnaie, faites des recherches approfondies sur son historique, sa technologie sous-jacente, son équipe de développement et ses perspectives futures. Une compréhension solide vous aidera à prendre des décisions éclairées.
- Suivi régulier: Restez informé des actualités et des évolutions du marché des cryptomonnaies. Suivre de près vos investissements vous permettra d'ajuster votre stratégie en fonction des changements du marché.
- Éducation continue: Le monde des cryptomonnaies est en constante évolution, il est donc essentiel de continuer à apprendre et à vous former. Participer à des conférences, des webinaires et des forums peut vous aider à rester à jour et à affiner vos compétences d'investissement.

Un exemple de portefeuille de 1000 euros

Il est crucial de diversifier votre portefeuille d'investissement pour minimiser les risques et maximiser les gains potentiels. En investissant 300 euros chacun dans des crypto-monnaies solides comme le Bitcoin et l'Ethereum, vous bénéficiez d'une certaine stabilité. Ensuite, allouez 200 euros à des projets prometteurs tels que RENDER, et réservez 200 euros pour des projets plus risqués, offrant ainsi un équilibre entre sécurité et opportunités de croissance.

Il est essentiel de rester attentif à votre stratégie d'investissement et d'envisager de prendre des bénéfices pour les réinvestir dans de nouveaux projets. Gardez à l'esprit que le fisc peut prélever jusqu'à 30 % sur vos plus-values, donc planifiez en conséquence et assurez-vous de respecter les obligations fiscales.

En suivant ces conseils et en restant prudent dans vos décisions d'investissement, vous pouvez optimiser vos chances de succès sur le marché financier.

**Sachez que il est pratiquement impossible d'acheter au plus bas et de vendre au plus haut !!
établissez et suivez votre stratégie !!!**

- Rééquilibrage: À intervalles réguliers, rééquilibrez votre portefeuille pour qu'il reflète vos objectifs et votre tolérance au risque. Cela peut signifier vendre certains actifs qui ont bien performé et en acheter d'autres qui offrent un meilleur potentiel de croissance à long terme.

Assurez-vous de surveiller de près l'évolution de vos investissements et de prendre des décisions éclairées en fonction des tendances du marché et de vos propres objectifs financiers. En faisant preuve de discipline et en ajustant votre portefeuille au fil du temps, vous augmenterez vos chances de réaliser des rendements satisfaisants et de maintenir une stabilité financière à long terme. N'oubliez pas que la diversification reste un pilier essentiel pour atténuer les risques et maximiser les opportunités de croissance.

La gestion des émotions est essentielle dans le trading et l'investissement en cryptomonnaie. Ne laissez pas la peur ou la cupidité dicter vos décisions. Restez fidèle à votre plan et ajustez-le uniquement en fonction d'analyses objectives.

Rappelez-vous que les marchés peuvent être volatils et que les fluctuations de prix font partie intégrante du jeu. Gardez un esprit calme et rationnel, et ne laissez pas vos émotions prendre le dessus. En suivant une approche disciplinée et en restant concentré sur vos objectifs à long terme, vous augmenterez vos chances de succès dans le trading de cryptomonnaies. Soyez patient, persévérant et prêt à apprendre de vos erreurs pour progresser dans ce domaine en constante évolution.

Tendances Futures Potentielles dans l'Espace des Cryptomonnaies

L'intérêt croissant des institutions financières traditionnelles pour les cryptomonnaies pourrait conduire à une adoption plus large et à une intégration dans le système financier mondial. Cette tendance pourrait augmenter la demande et potentiellement stabiliser le marché des cryptomonnaies.

L'évolution de la réglementation autour des cryptomonnaies est à surveiller de près. Bien que la réglementation puisse offrir une légitimité accrue et protéger les investisseurs, des réglementations trop strictes pourraient freiner l'innovation et limiter l'adoption. Les décisions réglementaires dans les grands marchés auront un impact significatif sur le marché global.

L'importance de l'éducation et de la sensibilisation du public aux cryptomonnaies ne peut être sous-estimée. Plus les gens comprennent comment fonctionnent ces actifs numériques, plus ils seront en mesure de les utiliser de manière judicieuse et en toute sécurité. Les initiatives visant à informer le grand public sur les avantages et les risques associés aux cryptomonnaies sont essentielles pour favoriser une adoption responsable et éclairée de cette nouvelle technologie financière. En fin de compte, l'avenir des cryptomonnaies dépendra de la collaboration entre les autorités réglementaires, les acteurs du secteur financier et les utilisateurs finaux pour créer un écosystème durable et inclusif.

Le développement continu de nouvelles technologies blockchain et de solutions d'évolutivité pourrait résoudre certains des défis actuels, comme les coûts de transaction élevés et les vitesses de transaction lentes. Ces améliorations pourraient ouvrir la voie à de nouvelles applications et à une adoption accrue.

Par exemple, en réduisant les frais de transaction et en accélérant les vitesses de traitement, les technologies blockchain pourraient devenir plus accessibles et attrayantes pour une gamme plus large d'utilisateurs. Cela pourrait conduire à une plus grande utilisation des crypto-monnaies dans les transactions quotidiennes, ainsi qu'à l'exploration de nouvelles façons d'utiliser la blockchain dans des secteurs tels que la logistique, la santé et l'éducation. En fin de compte, ces avancées pourraient ouvrir la voie à une transformation significative de notre façon de penser et d'interagir avec la technologie.

Les cryptomonnaies sont bien positionnées pour jouer un rôle clé dans l'économie numérique en expansion, notamment dans des domaines tels que les paiements en ligne, le gaming, les médias sociaux et l'Internet des Objets (IoT). L'interopérabilité entre les blockchains et avec les systèmes financiers traditionnels sera cruciale.

Les cryptomonnaies offrent de nombreux avantages, tels que des transactions rapides et peu coûteuses, une sécurité renforcée et une facilité d'accès pour les personnes non bancarisées. Leur adoption croissante ouvre de nouvelles perspectives pour l'économie mondiale. Il est donc essentiel de développer des solutions permettant une communication fluide entre les différentes blockchains et les infrastructures financières existantes. Cette interconnectivité favorisera l'essor des cryptomonnaies et leur intégration dans notre quotidien de manière transparente et efficace.

L'intégration des cryptomonnaies avec d'autres technologies émergentes, comme l'intelligence artificielle (IA) et la réalité virtuelle (RV), pourrait conduire à la création de nouveaux modèles économiques et à l'émergence de marchés virtuels.

Les tendances futures dans l'espace des cryptomonnaies indiquent une période de croissance et de changement significatifs. Pour les investisseurs, rester informé sur ces tendances et comprendre comment elles pourraient affecter le marché est essentiel pour naviguer avec succès dans cet espace en évolution.

Comme toujours, une approche équilibrée et bien informée est conseillée, en tenant compte des risques potentiels tout en explorant les opportunités d'investissement dans les technologies et les applications émergentes.

Les cryptomonnaies défient les systèmes monétaires centralisés en offrant une alternative décentralisée. Bien que leur impact actuel sur les politiques monétaires globales reste limité, leur adoption croissante pourrait inciter les banques centrales à réévaluer leur approche en matière de régulation monétaire et de lutte contre la fraude et le blanchiment d'argent.

Les cryptomonnaies et la technologie blockchain introduisent de nouveaux modèles d'affaires qui pourraient réduire les coûts et améliorer l'efficacité des transactions financières. Cela met les banques traditionnelles face à la nécessité d'innover et de s'adapter pour rester compétitives.

L'intérêt croissant pour les cryptomonnaies a stimulé la sensibilisation et l'éducation financières parmi le grand public. Les investisseurs cherchent à comprendre non seulement les cryptomonnaies mais aussi les principes financiers plus larges, ce qui pourrait conduire à des décisions d'investissement plus éclairées et responsables.

Les cryptomonnaies ont déjà commencé à influencer les marchés financiers traditionnels, en introduisant de nouveaux produits, en offrant des opportunités de diversification et en stimulant l'innovation. Alors que l'intersection entre les cryptomonnaies et les marchés financiers traditionnels continue de s'élargir, les investisseurs et les institutions devront s'adapter à un paysage financier en évolution rapide. Cette période de transition offre à la fois des défis et des opportunités, soulignant l'importance de rester informé et adaptable.

La montée en puissance des cryptomonnaies a secoué les fondations des marchés financiers traditionnels, remettant en question les modèles établis et ouvrant la voie à de nouvelles possibilités. Alors que cette révolution financière prend de l'ampleur, il est essentiel pour les acteurs du marché de rester flexibles et prêts à embrasser le changement. En naviguant avec prudence et en restant informés, les investisseurs peuvent saisir les opportunités offertes par ce nouveau paysage financier en constante évolution.

Avantages des Cryptomonnaies

- Décentralisation: Les cryptomonnaies fonctionnent sur un réseau décentralisé, réduisant le risque de censure et d'interférence gouvernementale ou institutionnelle.
- Transparence: Grâce à la technologie blockchain, toutes les transactions sont enregistrées de manière transparente et peuvent être consultées par quiconque.
- Sécurité: La cryptographie avancée protège les transactions et les comptes contre le piratage et la fraude.
- Rapidité et faibles coûts de transaction: Les transactions en cryptomonnaie peuvent être effectuées rapidement, souvent à des coûts inférieurs comparés aux systèmes de paiement traditionnels.
- Accessibilité: Les cryptomonnaies offrent un accès financier aux personnes non bancarisées ou sous-bancarisées partout dans le monde.
- Potentiel de gain: La volatilité des cryptomonnaies offre des opportunités de gains substantiels pour les investisseurs informés.

- Innovation: L'écosystème des cryptomonnaies encourage l'innovation, notamment dans les domaines de la finance décentralisée (DeFi) et des contrats intelligents.
- Contrôle personnel: Les utilisateurs ont un contrôle total sur leurs actifs numériques et leurs transactions.
- Protection contre l'inflation: Certaines cryptomonnaies ont un approvisionnement limité, les protégeant contre la dévaluation due à l'inflation.
- Diversification d'investissement: Les cryptomonnaies représentent une nouvelle classe d'actifs pour la diversification du portefeuille.

Inconvénients des Cryptomonnaies

- Volatilité: Les prix des cryptomonnaies peuvent fluctuer fortement, augmentant le risque de perte.
- Complexité: Pour les nouveaux utilisateurs, la technologie blockchain et le concept des cryptomonnaies peuvent être difficiles à comprendre.
- Risques de sécurité: Bien que sécurisées, les cryptomonnaies ne sont pas à l'abri des piratages et des escroqueries.
- Absence de régulation: Le manque de réglementation peut conduire à des activités frauduleuses et à l'utilisation de cryptomonnaies pour des activités illicites.
- Risque de perte: La perte de clés privées signifie la perte irréversible d'accès aux actifs cryptographiques.
- Acceptation limitée: Toutes les entreprises n'acceptent pas encore les cryptomonnaies comme moyen de paiement.
- Impact environnemental: Le minage de certaines cryptomonnaies consomme une grande quantité d'énergie.

- Instabilité réglementaire: Les politiques gouvernementales envers les cryptomonnaies peuvent changer rapidement, affectant leur valeur et leur légalité.
- Risque de bulle: La spéculation peut gonfler les prix des cryptomonnaies, créant un risque de bulle financière.
- Barrières à l'entrée: L'achat, le stockage et la sécurisation des cryptomonnaies nécessitent des connaissances techniques qui peuvent constituer une barrière à l'entrée pour certains.

Ces avantages et inconvénients montrent que, malgré leur potentiel révolutionnaire, les cryptomonnaies comportent des risques et des défis qui doivent être soigneusement considérés.

Les principales catégories de crypto-monnaies

1. Monnaies Numériques (cryptocurrencies) : Ce sont les crypto-monnaies les plus courantes qui sont utilisées principalement comme alternative aux monnaies fiduciaires traditionnelles. Bitcoin (BTC), Ethereum (ETH), Litecoin (LTC) sont quelques exemples populaires.
2. Tokens de Plateforme : Ces crypto-monnaies sont construites sur des plates-formes blockchain spécifiques et sont souvent utilisées pour alimenter les fonctionnalités ou les applications de ces plateformes. Par exemple, Ethereum a des tokens comme ERC-20 utilisés pour alimenter les applications décentralisées (dApps).

- Stablecoins : Ces crypto-monnaies sont conçues pour maintenir une valeur stable en étant adossées à des actifs tels que des monnaies fiduciaires (USD, EUR, etc.) ou des matières premières. Tether (USDT), USD Coin (USDC) et Dai (DAI) sont des exemples courants de stablecoins.
- Privacy Coins (crypto-monnaies axées sur la confidentialité) : Ces crypto-monnaies mettent l'accent sur l'anonymat et la confidentialité des transactions. Des exemples incluent Monero (XMR), Zcash (ZEC) et Dash (DASH).
- Tokens de Sécurité (Security Tokens) : Ils représentent la propriété d'actifs traditionnels, tels que des actions, des obligations, des biens immobiliers, etc., sur une blockchain. Ces tokens sont réglementés et sont souvent

déférents tokens

Tokens de Sécurité (Security Tokens) : Ils représentent la propriété d'actifs traditionnels, tels que des actions, des obligations, des biens immobiliers, etc., sur une blockchain. Ces tokens sont réglementés et sont souvent soumis aux lois sur les valeurs mobilières.

Tokens Utilitaires (Utility Tokens) : Ils fournissent un accès ou des privilèges sur une plateforme ou un service particulier. Par exemple, les tokens d'accès aux applications décentralisées ou les tokens de récompense pour des services spécifiques.

Jetons Non Fongibles (NFT) : Ces jetons uniques représentent la propriété numérique d'actifs tels que des œuvres d'art, des vidéos, des jeux, etc., sur la blockchain. Chaque NFT est distinct et possède une valeur unique, ce qui les rend populaires parmi les collectionneurs et les passionnés de l'art numérique.

Jetons de Gouvernance (Governance Tokens) : Ces jetons donnent aux détenteurs le pouvoir de participer aux décisions concernant les protocoles ou les plateformes sur lesquels ils sont émis. Les détenteurs de jetons de gouvernance peuvent voter sur des propositions de changement, influençant ainsi le développement futur du projet.

CoTokens Non Fongibles (Non-Fungible Tokens, NFTs) : Ils représentent des actifs uniques et non interchangeables, des articles de collection, des terrains virtuels, etc.

DéFi (Finance Décentralisée) : Il s'agit d'un secteur en pleine expansion dans lequel des crypto-monnaies et des contrats intelligents sont utilisés pour recréer des produits financiers traditionnels, tels que les prêts, l'échange, les stablecoins, etc., de manière décentralisée.

Ces catégories représentent un éventail diversifié d'utilisations et d'applications des crypto-monnaies dans différents domaines.

rps

Air drop c'est quoi ?

Un airdrop en crypto-monnaie est essentiellement un moyen pour les projets de distribuer gratuitement des tokens à un grand nombre de personnes. Imagine que des pièces de monnaie tombent du ciel (d'où le terme "airdrop" qui signifie largage aérien en anglais) et que tout le monde puisse les ramasser.

Voici comment cela fonctionne généralement :

1. Annonce de l'airdrop : Le projet crypto annonce qu'il distribuera gratuitement des tokens à ceux qui remplissent certaines conditions spécifiques. Ces conditions peuvent varier d'un airdrop à l'autre. Par exemple, ils pourraient demander aux participants de s'inscrire sur leur site Web, de suivre leurs réseaux sociaux, ou de détenir une certaine quantité d'une crypto-monnaie spécifique à une date donnée.
2. Participation : Les personnes intéressées à recevoir des tokens gratuits participent en remplissant les conditions requises. Cela peut impliquer de remplir un formulaire en ligne, de rejoindre un groupe Telegram, de suivre un compte Twitter, etc.

- Distribution : Une fois les conditions remplies, les tokens sont distribués aux participants. Cela peut se faire automatiquement si le projet utilise une blockchain pour effectuer l'airdrop, ou bien manuellement si les tokens sont envoyés directement aux adresses des participants.
- Réception des tokens : Les participants reçoivent ensuite les tokens gratuits dans leur portefeuille crypto.

Les airdrops sont souvent utilisés par les nouveaux projets pour attirer l'attention, développer leur communauté, ou distribuer équitablement les tokens. Ils peuvent également être utilisés par des projets établis pour récompenser leurs utilisateurs existants ou encourager l'adoption de nouvelles fonctionnalités.

Cependant, il est important de noter que tous les airdrops ne sont pas légitimes, et certains pourraient être des tentatives de phishing ou d'escroquerie. Il est donc recommandé de faire preuve de prudence et de vérifier la légitimité de tout airdrop avant de participer.

Parlons des impôts

ET OUI ! IMPOSSIBLE D'Y ÉCHAPPER !

La fiscalité peut sembler complexe et intimidante pour beaucoup, surtout lorsqu'elle concerne un domaine aussi novateur que celui des crypto-monnaies. Pourtant, comprendre et respecter les obligations fiscales liées à l'investissement dans la crypto-monnaie est essentiel pour éviter de lourdes amendes et même des sanctions pénales. Dans cette section, nous allons décompiler les aspects fondamentaux de la fiscalité des crypto-monnaies, en se concentrant spécifiquement sur la situation en France.

La première étape cruciale dans la navigation fiscale de la crypto-monnaie est de connaître les dates importantes. Pour l'année mentionnée, le service de déclaration des revenus par Internet s'ouvre le 7 avril, marquant le début de la période au cours de laquelle les investisseurs en crypto-monnaies doivent déclarer leurs revenus et gains de l'année précédente. Les dates limites pour la déclaration varient en fonction du mode de déclaration (papier ou Internet) et du département de résidence du contribuable, s'étalant du 19 mai au 7 juin. Ces dates sont cruciales pour éviter les pénalités pour retard.

Obligations Fiscales concernant les Crypto-Monnaies

-

Investir dans la crypto-monnaie entraîne deux obligations fiscales principales : déclarer les comptes détenus à l'étranger et déclarer les plus-values réalisées. Les formulaires 3916 et 3916 bis sont vos outils pour déclarer respectivement les comptes bancaires étrangers et les portefeuilles de crypto-monnaie. Il est important de noter que cette obligation concerne tous les comptes, qu'ils soient actifs ou dormants, ouverts ou fermés au cours de l'année fiscale.

La Déclaration des Plus-Values et l'Impôt

La France considère la plupart des investisseurs en crypto-monnaies comme des investisseurs occasionnels, soumis à une flat tax de 30% sur les plus-values réalisées. Cependant, il est crucial de comprendre que les plus-values ne sont imposables que lorsque vous convertissez vos crypto-monnaies en fiat (euros, dollars, etc.) ou lorsque vous achetez des biens et services directement avec. Cela signifie que tant que vos transactions restent dans le domaine de la crypto (crypto vers crypto), aucune imposition n'est due.

Risques et Sanctions en cas de Non-Déclaration

Ne pas déclarer vos comptes et vos plus-values peut entraîner de sévères sanctions, allant de simples amendes à des peines d'emprisonnement pour les cas de fraude fiscale les plus graves. Les amendes pour non-déclaration de comptes peuvent s'élever jusqu'à 1 500 euros par compte si les montants impliqués dépassent 50 000 euros, soulignant l'importance de respecter les obligations fiscales.

Il est crucial de toujours se conformer aux lois fiscales en vigueur pour éviter des conséquences désagréables. En cas de non-déclaration de comptes ou de plus-values, les sanctions peuvent être sévères. Il est essentiel de garder à l'esprit que la transparence fiscale est essentielle pour maintenir une relation de confiance avec les autorités fiscales. En respectant vos obligations fiscales, vous contribuez à la bonne gestion et au bon fonctionnement du système fiscal de notre société.

Lexique de la Cryptomonnaie

Adresse : Une chaîne de caractères alphanumériques utilisée pour recevoir et envoyer des cryptomonnaies.
Altcoin : Toute cryptomonnaie alternative au Bitcoin. Exemples : Ethereum, Litecoin, Ripple.
Bitcoin (BTC) : La première et la plus connue des cryptomonnaies, créée par une personne ou un groupe sous le pseudonyme de Satoshi Nakamoto.
Blockchain : Une technologie de registre distribué qui enregistre toutes les transactions effectuées avec une cryptomonnaie de manière transparente et immuable.
Décentralisation : Le principe selon lequel aucune autorité centrale ne contrôle le réseau, mais où chaque participant (noeud) a une copie du registre.
HODL : Un terme populaire dans la communauté crypto signifiant "Hold On for Dear Life", utilisé pour encourager à conserver ses cryptomonnaies plutôt que de les vendre lors des fluctuations de marché.

ICO (Initial Coin Offering) : Un moyen de lever des fonds pour un nouveau projet de cryptomonnaie en vendant une partie des jetons du projet avant leur mise en circulation.

Minage : Le processus par lequel les transactions sont vérifiées et ajoutées à la blockchain. Les mineurs utilisent des ordinateurs puissants pour résoudre des problèmes mathématiques complexes et sont récompensés en cryptomonnaies.

NFT (Non-Fungible Token) : Un type de jeton unique qui représente la propriété d'un actif numérique ou physique unique, souvent utilisé pour l'art numérique et les objets de collection.

Portefeuille (Wallet) : Un logiciel ou un matériel qui permet de stocker et de gérer des cryptomonnaies. Il peut être "chaud" (connecté à Internet) ou "froid" (hors ligne).

Proof of Work (PoW) : Un algorithme de consensus utilisé par le Bitcoin et d'autres cryptomonnaies où les mineurs doivent résoudre des problèmes mathématiques pour valider les transactions et créer de nouveaux blocs.

Proof of Stake (PoS) : Un algorithme de consensus où les validateurs sont choisis en fonction du nombre de jetons qu'ils détiennent et sont prêts à "mettre en jeu" (stake) comme garantie.

Smart Contract : Des contrats auto-exécutables où les termes de l'accord sont écrits directement dans le code. Utilisés principalement sur la blockchain Ethereum.

Token : Une unité de valeur émise par un projet de cryptomonnaie ou une plateforme, qui peut représenter une multitude d'actifs ou d'utilités.

Volatilité : La mesure de la variation des prix d'un actif. Les cryptomonnaies sont connues pour leur volatilité élevée.

Ce lexique devrait vous aider à mieux comprendre le jargon courant utilisé dans l'univers des cryptomonnaies.

Conclusions

Les cryptomonnaies offrent une opportunité réelle et une avancée incroyable dans le monde de la finance, avec des possibilités de gains très intéressantes, mais également des risques de pertes de capital. Il est impératif de comprendre ce système complexe ou de se former pour en tirer des bénéfices. C'est en s'informant, en se formant et en restant vigilant que l'on peut pleinement profiter des avantages offerts par les cryptomonnaies. N'oubliez pas que la connaissance est la clé du succès dans ce domaine en constante évolution.

www.ingramcontent.com/pod-product-compliance
Lightning Source LLC
Chambersburg PA
CBHW050245230526
45470CB00005B/2124